*Liebes Tier* ist ein Buch über die Liebe zwischen Tier und Mensch, über die heftigen Gefühle, die in dieser Liebe zirkulieren, über Mensch und Tier in der Geschichte. In diesem zuerst vor Kindern gehaltenen Vortrag erzählt Hélène Cixous von ihren Begegnungen mit Tieren, von Übersetzungen, Verständnissen und Missverständnissen zwischen Mensch und Tier. Angefangen mit der Ermordung der Tierschutz-Aktivistin Joan Root haben all diese Geschichten auch einen historisch-politischen Index. Und stets haben sie die Dramatik und Tiefe von Tragödien, wie wenn es zum Beispiel um den verratenen Hund aus der Kinderzeit in Algerien geht oder um das Dilemma, vor dem die Erzählerin steht, als sie von einem Hausbrand überrascht wird: Wer ist als erstes aus dem Feuer zu retten, die Manuskripte oder die Katzen?

Hélène Cixous, geboren 1937 in Algerien, lebt als Schriftstellerin und Professorin in Paris.

LIEBES TIER

HORS SÉRIE

# Hélène Cixous
# Liebes Tier

Für Kinder und Erwachsene

Mit sechs Zeichnungen von
Adel Abdessemed

Herausgegeben von
Peter Engelmann

Passagen Verlag

Deutsche Erstausgabe
Titel der Originalausgabe: *Animal amour*
Aus dem Französischen von Esther von der Osten

Die Übersetzerin dankt dem Europäischen Übersetzerkollegium (EÜK) und der Kulturstiftung Nordrhein-Westfalen für die Förderung der Übersetzung durch ein Aufenthaltsstipendium im EÜK.

Die Deutsche Nationalbibliothek verzeichnet diese Publikation in der Deutschen Nationalbibliografie; detaillierte bibliografische Daten sind im Internet über http://dnb.dnb.de/abrufbar.


ISBN 978-3-7092-0498-6

Grafisches Konzept: Ecke Bonk
Coverdesign: Anja Gasser nach einer Zeichnung
von Adel Abdessemed
Satz: Passagen Verlag Ges. m. b. H., Wien
http://www.passagen.at
Druck: Ferdinand Berger & Söhne GmbH, 3580 Horn

# Inhalt

# Kleine Vorträge

*Zwischen 1929 und 1932 verfasste Walter Benjamin Radiosendungen für Kinder und Jugendliche in Deutschland. Diese Erzählungen, Plaudereien, Vorträge sind später unter dem Titel* Aufklärung für Kinder *gesammelt herausgegeben worden. Gilberte Tsaï hat daher diesen Titel als Namen für die „kleinen Vorträge" übernommen, die sie in jeder Spielzeit organisiert. Sie richten sich an Kinder ab zehn Jahren sowie an diejenigen, die sie begleiten. Es geht dabei stets darum, aufzuklären und Interesse zu wecken. Odysseus, die Sternennacht, die Götter, die Wörter, die Bilder, der Krieg, Galileo … Die Themenwahl ist frei, allerdings gibt es eine Spielregel, und zwar sollen die Redenden sich wirklich an die Kinder richten und sie sollen es abseits der vielbegangenen Wege tun, in einer generationenüberschreitenden Bewegung der Freundschaft.*

*Da das Experiment glückte, ergab sich wie selbstverständlich die Idee, aus diesen mündlichen Abenteuern kleine Bücher zu machen. Das ist der Daseinsgrund dieser Reihe.*

# Hélène Cixous
# Liebes Tier

Ich werde euch jetzt ausschließlich Tiergeschichten erzählen. Zugleich denke ich an jemanden, an eine Frau, die ich nicht kenne, von der ich aber vor ein paar Tagen in der Zeitung gelesen habe und die in Afrika getötet worden ist. Diese traurige Geschichte geschieht nicht zum ersten Mal. Die ermordete englische Frau hieß Joan Root, oder auch Jeanne Racine oder Johanna Wurzel, wenn ich ihren Namen übersetze. Sie versuchte Tiere zu retten und wurde erschossen. Sie dürfte die dritte oder vierte Frau sein, die vor Ort in den Wäldern arbeitete, um sich um uns zu kümmern, denn so ist es, die Tiere, die man ermordet, das sind wir.

Jetzt erzähle ich euch mal mehr, mal weniger traurige Geschichten.

Es beginnt zunächst mit einem Brand. Am 11. September 2005 ist nachts ein Brand bis in den zwölften Stock meines Wohnhauses hinaufgestiegen. Ich hörte ihn auf meiner Treppe tosen, im Fahrstuhl fauchen, auch meine Katzen hörten ihn, wir drei im zehnten

Stock. Um ein Uhr kam die Feuerwehr, ihre Leiter reichte nicht höher als bis zum siebten Stock. Was sollten wir tun, die Katzen und ich? Ich habe an Philia und Aletheia gedacht, meine beiden Katzenverlobten, meine Augensterne. Ich bin jemand, der schreibt, also habe ich auch an die Manuskripte gedacht, an meine lebendigen Papiere, an die Hunderte von Heften, meine Herzenssterne. Die Feuerwehrleute meinten, ich müsse wählen, wen ich als erstes retten wollte, Philia, Aletheia, ein paar Hefte. Ich rannte durch die Wohnung, die Katzen rannten, ein Feuertanz. Mir standen die Tränen in den Augen, in allen Augen. Auch die Katzen fragten sich, wen als erstes retten, wen nicht retten. Und wen haben wir schließlich gewählt? Dich oder mich? Das werde ich euch sagen, wenn ich es wirklich weiß.

Als ganz kurz nach unserem Brand der Hurrikan Katrina New Orleans verschlungen hat, da habe ich im Fernsehen dreitausend Hunde gesehen, die angeleint, angekettet, dem Wirbelsturm ausgeliefert waren, abgemagert auf dem First ertrunkener Dächer, allein unter dem Ende der Welt. All diese zur Preisgabe geborenen Hunde. Ich habe geweint. Über sie habe ich geweint, über ihre Hundetränen, die Tränen der angeketteten Hunde, die vor Hunger und Durst im Hurrikan starben. In Wahrheit habe ich über dieses Volk mit hervorspringenden Rippen geweint, diese Verratenen, diese vergessenen Treuen, die alle meinem ersten verratenen Hund in meinem Garten von Algier ähneln, ein Ex-Paradies, das zur

Hölle wurde. Offen gesagt, was die Hölle ist, weiß ich. Sie ist das Paradies, in dem der Hund verraten wurde. Die Hölle beginnt im Paradies, wenn die Tiere, die vor dem Menschen leben, ihm von Gott ausgeliefert werden, der sagt: „Hier habt ihr eure ersten Sklaven. Gebt ihnen Namen." Ich schreibe all das mit zwei Katzen an meiner Seite, während ich an euch denke. Möge ich sie nie verraten. Mehr als mich selbst würde ich sonst verraten, das Beste des Menschen, die Witwe und die Waise, mein Kind, das ich töten würde, wenn ich sie nicht mehr liebte als mich selbst. Bin ich in einem anderen Leben eine Katze gewesen, ausgesetzt, oder eine Maus? Ich werde euch heute alles sagen, was ich nicht weiß, was ich aber mit seiner Sprachzunge mir das Herz abschlecken fühle, wenn ich dennoch dazu imstande bin.

Ihr habt es bereits erraten, ich gebe mein Herz den Katzen. Aber es ist noch ein pfötchen komplizierter. Wenn ich mein Herz eher den Katzen gebe, die übrigens Katzen und keine Kater sind, tue ich es dann womöglich, um es nicht allzu sehr meinem Bruder dem Hund zu geben? Oder aber, weil ich es in einem anderen Leben meinem Bruder dem Hund nicht genug gegeben habe? Ich habe gesagt, mein Bruder der Hund, aber der Hund meines Lebens – und ich sage das so wie man sagt der Mensch meines Lebens oder die Liebe meines Lebens –, da weiß ich nicht recht, ob er mein Bruder gewesen ist oder mein Sohn. Er ist erst ein wenig mein Kind gewesen, das Kind, das

mein Bruder der Nicht-Hund und ich von meinem Vater bekommen haben. Später ist er dann zum Sohn meines Vaters geworden. Der Esel ist der Zeuge meiner Familie. Es ist ein wenig kompliziert, aber das sind Beziehungen aus Leben und Tod immer.

Ich erzähle euch die Geschichte von Fips, dem Hund, den ich niemals werde vergessen können, den ich hier auf dieser Seite meines Herzens hüte, in meiner Brust und in meinem Schädel. Man könnte sagen, dass er mich heimsucht und niemals vorbeigehen wird. Alles hat mit dem Weltkrieg von 1939-1945 begonnen. Mein Bruder und ich waren sechs und sieben Jahre alt. Wir wollten ein drittes Kind, weil wir zu zweit waren, aber es war Krieg. Mein Vater der Arzt ist zunächst in die Armee eingezogen worden, um als Stabsarzt zu dienen. Dann ist er aus derselben Armee als Jude verjagt worden. Er war nun Stabsjude. Dann ist er sehr krank gewesen. All das hatte zur Folge, dass wir meinen Vater und meine Mutter vergeblich um ein Kind baten. Nach dem Krieg hat mein Vater einen Garten angepflanzt, er hat uns hineingesetzt und schließlich hat er uns angekündigt, dass wir ein Kind bekommen würden. Es würde ein Hundekind sein, ein gefundenes, adoptiertes, denn mein Vater war zu krank, um mit meiner Mutter ein Menschenkind zu machen. Ihr könnt euch gar nicht unsere Freude vorstellen. Wir haben alles gemacht, was es brauchte. Schon mal eine Wiege aus einem Schuhkarton, der mit Blättern von Bougainvilleen ausgelegt war, denn der Schauplatz dieser Geschichte ist Algerien, das Land, in dem ich geboren bin. Wir waren übrigens alle in Algerien geboren, außer meiner Mutter, die in Deutschland geboren ist. Eines Tages ist Fips angekommen und sofort ging alles schief. Dieser Hund war ein Regenwurm, eine Eidechse oder ein Frosch. Man legt ihn in sein Bett und hopp, da ist er wieder draußen. Man legt ihn wieder in sein Bett, man deckt ihn zu und hopp, schon saust er davon. Es ist uns nie gelungen, ihn in seiner Wiege festzuhalten, es ist ein Hüpfer, ein Wedler, ein Faxenmacher, ein Lausbub, ein Laufbub, ein Springer in Riesenhöhen. Das Portal, das sehr hoch war, nimmt er im Sprung, mit einem Satz, naja, da ist der Rand vom Schuhkarton ein Klacks … Wir, die wir ihn in der Wiege schaukeln wollten, ihn anziehen, ihm eine Windel anlegen, ihn stillen, ihn verkleinkindlichen, und er, der flog, der also Flügel hatte, unsichtbare, eine Adlerseele, einen Raketenantrieb, einen stählernen Willen, er war ein verborgener Gott, der in einem Nervenbündel steckte und dessen Gesicht dem meines Bruders dem Nicht-Hund ähnelte, vor allem die Augen sprachen und warfen Blicke wie Schreie. Ja, er warf uns Blicke zu, die vor Verlangen schrien. Neben ihm war die Ziege von Monsieur Seguin ein Wollknäuel und das Sams ein Schaf.

Unser Fips, ich sagte ja, der war ein Gott, der Gott der Freiheit. Sein ganzes Wesen war ein einziger Schrei. Frei, frei, frei! Frei war sein Wesen, das kann keiner bestreiten, aber sein Leben war es zu unser aller Unglück nie. Die Freiheit kennt man erst dann im Muskel des Herzens, man spürt sie erst wild um sich schlagen, man liebt sie erst wahrhaft innig mit Jauchzen und Verzweiflung, wenn sie einem genommen ist. Und genau das würde ich für euch und mich gerne wieder lebendig werden lassen: das Geheimnis der Freiheit. Dieser berückende Geschmack, den man *le cri du coeur*, den Schrei des Herzens nennt, der aus dem tiefsten Innern aufsteigt. Aber er steigt, dieser Schrei, erst in der Gefangenschaft auf, erst, wenn der Körper eingegittert ist. Wohin man den Blick auch wendet, sieht man Zäune, Pfähle, Gitter, Mauern wachsen. Die Freiheit ist diese Flamme, die in der Kammer des Herzens glüht, sie ist die Innenwelt, das innere Forum. Das Draußen indessen ist ein riesiger Käfig. Nun gibt es nichts Freieres, und das wissen wir alle nur allzu gut, als einen Eingesperrten. Eingesperrt denkt man nur noch daran. Ich könnte euch die Freiheit erzählen, die sich in ihrer Unendlichkeit im Kopf von Nelson Mandela erstreckte, dem wunderbaren Gründer des Staates Südafrika, als er für die Ewigkeit eines Immer im Arbeitslager von Robben Island eingesperrt war, weil man ihn für die Ewigkeit zum Arbeitslager verurteilt hatte. Man hatte ihm die Welt weggenommen, und er hat mit geballten Seelenkräften begonnen, im Geist das künftige Südafrika und den gesamten Kontinent zu bauen. Das hat siebenundzwanzig Jahre lang gedauert. In Fips Kopf gab es ebenfalls noch unbekannte Kontinente. Ich könnte euch auch die Geschichte von Prometheus in der griechischen Mythologie erzählen, den die Götter auf dem Gipfel der Welt angekettet hatten, weil er den ersten Menschen das Feuer geschenkt hatte und damit die Kraft, die Welt zu gestalten. Der Körper war angekettet, seine Seele umso freier. Hätten wir es verstanden, Fips anzuschauen, hätten wir ihn für einen Nachkommen von Prometheus gehalten. Feuer sprühte aus seinen Augen, es war ein Feuer, das sprach. In unserem tiefsten Innern vernahmen wir aber doch, was dieses Feuer sagte. Es war kein Kinderblick, sondern der Blick eines Propheten. Wenn ihr den Blick dieses kleinen Kopfes sehen könntet, er war nur Stolz und Richtung. Dorthin, dorthin geht's. Seine Seele, seine Flamme, sein Wort, frei. Ihr schautet Fips an und saht nur einen Feuerpfeil, der durch die Netze, Wände, Schranken, Stacheldrähte zischte und in einem letzten Atemzug Himmelshöhen erreichte. Wenn ich euch von Schranken, Stacheldraht, von Zäunen und Gittern erzähle, dann sind das keine Bilder, sondern ich meine echte. Denn all das geschah in einem Land, in dem lauter Hass und Rassismus wütete, mein Geburtsland, Algerien. Jedes Mal, wenn man damals glaubte, endlich aus einem Käfig herausgekommen zu sein, entdeckte man, dass man in einem weiteren Käfig steckte. Während des Krieges steckte meine Familie im rassistischen, antisemitischen, nationalsozialistischen Käfig. Wir, die wir Juden waren, wir hatten nicht das Recht, in Parks zu gehen, in die Schule zu gehen, nicht das Recht zu arbeiten, nicht das Recht, diese oder jene Straße zu nehmen, nicht das Recht, spazieren zu gehen. Kaum war der Krieg vorbei, hat mein Vater sich daran gemacht, die Welt wieder zu erschaffen, und um anzufangen, pflanzte er einen Garten. Das war die Auferstehung. Es gab Bäume, dann gab es das Leben, und das war Fips. Eine Zeit lang sah man den Käfig nicht mehr. Allerdings gab es da diese Geschichte mit der Kiste, in die wir den Kleinen sperren wollten, was er aber nicht wollte. Wir verstanden nicht, dass er sich nicht in unsere Idee einsperren lassen wollte. Das schuf eine kleine Spannung zwischen uns. Wir riefen: „Fips!" Er antwortete: „Frei!" Er gab nie nach. Die Wiege wurde wieder zum Schuhkarton. Und wir – missratene Eltern. So war er also ein Hund und kein vor seiner Ankunft mit einer abstrakten, rechteckigen Fertigliebe ausgedachtes Ding. Wir, die wir ihn uns erträumt hatten als einen, der mit Stricken einer Liebe nach unserer Art an uns gebunden war, wir wollten, dass er uns so liebt und nicht so, wir wollten ihn auf diese Weise streicheln und nicht auf jene. Wir waren sehr klein und hatten sehr große, sehr gereizte Gefühle ohne Namen. Wir wollten, dass er nach unserem Bilde sei, und er wollte kein fixierter Foto-Fips sein. Er ließ sich nicht in die Tasche stecken, er liebte uns auf seine Art, nicht auf unseren Befehl. Wir empfanden eine dumpfe Enttäuschung. Ohne es zu wissen, haben wir ihn ein bisschen weniger geliebt. Nicht besser, leider, sondern ein bisschen weniger. Und das war nicht besser. Im Übrigen verbrachte er seine Zeit damit abzuhauen, er sprang mit einem Riesensatz über den Gartenzaun. Wir hätten ihn bewundern sollen, aber wir waren ein bisschen beleidigt. Nicht mit uns wollte er um alles in der Welt gern spielen, sondern mit dem Himmel und der gesamten Erde. Sicherlich, dann kam er immer zurück, stolz, siegreich, der hundigste Hund der Welt. Aber wir spürten eben vage, dass er nicht gezähmt war, dass er uns keineswegs mehr liebte als das Universum, und wir waren, ohne es zu wissen, ein bisschen beleidigt. Mein Vater nannte ihn übrigens den Wilden, und in seiner Stimme lag ein wenig von diesem Gold, das man Bewunderung nennt. Ich habe vergessen, euch zu sagen, dass Fips ganz klein war, kaum größer als eine Ratte. Ja, er war nämlich ein Rattenfänger. Er ging bloß aus Ehrbarkeit auf Jagd, denn was ihn eigentlich interessierte, das waren die weiten Räume. Von fernen Expeditionen kehrte er größer zurück, an ihnen gewachsen wie ein Held.

Mein Vater war sein Lieblingsvater, denn mein Vater warf dem kleinen zitternden Wesen keinen Sack voller Vorstellungen an den Kopf, mein Vater der Arzt pflegte ihn, tropfte ihm Medizin in die Augen, behandelte ihn höflich. Alle beide, mein Vater und Fips, hatten diesen Freiheitsdurst, der den Atem schneller gehen lässt. Auf einmal ist mein Vater gestorben. Von einem Tag auf den nächsten gab es keine Welt mehr, stattdessen einen Käfig. Der Garten wurde zum vergifteten Gefängnis. Anstelle meines Vaters meine deutsche Großmutter. Meine Mutter begann zu arbeiten wie verrückt, um uns über die Runden zu bringen, damit wir überlebten. Sie war nie da. Tagsüber regierte meine Großmutter. Meine deutsche

Großmutter, Omi, war eine kleine, bewundernswerte Frau. Sehr klein, ich würde nicht gerade sagen klein wie ein Rattenfängerhund, aber winzig. Mutig, herrisch, furchteinflößend, sie kochte und wachte über die Ordnung, sie bellte auf Deutsch und schleuderte Blitze mit ihren blau, blau, blauen Augen. Wir verehrten und fürchteten sie. Das Problem zwischen uns war das Tier. Im Denken meiner Großmutter hieß es, das Tier, das Tier im Allgemeinen, als gäbe es nur eins, eine einzige tierische Materie, die sie klar in Gegensatz zum Menschlichen definierte, das Tier muss auf jeden Fall draußen leben, „*raus**“. Es war im mütterlichen Haus stets unvorstellbar, dass drinnen unter demselben Dach ein Tier lebt. Jedem sein Zuhause. Im Tier als äußere Materie gibt es allerdings doch eine Hierarchie, die sich nach seinem Nutzwert richtet. Zum Beispiel gibt es nichts Schlimmeres als Katzen, die nicht einmal Hunde sind, sondern Antihunde, sie wachen nicht, sie stehlen, sie sind nicht einmal Hühner, denn man isst sie ja nicht. Für meine Großmutter ist das Tier zu nichts nütze, nichts als dazu, es zu füttern oder es zu essen. Sie gibt dem Hund zu essen und isst die Hühner. Unsere eigenen Hühner aßen wir. Ich konnte nicht. Ich hatte das Gefühl, ich äße Fips. Wir spielten mit den Hühnern, dann aßen wir sie. Erst schnitt man ihnen die Kehle durch. Dann rupfte Aischa sie, ich kann gar nicht davon sprechen. Ich war es gewohnt, mit den Hühnern zu sprechen,

---

* Im Original Deutsch *(A. d. Ü.)*.

ich sprach Huhnisch, sie antworteten mir, dann wurden sie gekocht. Das ist unmöglich, es fühlte sich an, als würde ich meine Cousine oder meine Tante essen. Die Idee der Liebe eines Tiers, zu einem Tier, mit einem Tier, war naturgemäß vollkommen befremdend, das war nur eine Idee, sie wäre meiner Großmutter zu jener Zeit niemals in den Sinn gekommen. Das war eine Kinderidee. Meine Großmutter dachte genau wie der große deutsche Philosoph Heidegger, den sie nie gelesen hatte. Laut meiner Großmutter und Heidegger war das Tier „weltarm“. Weil es laut meiner Großmutter und Heidegger keinen Bezug zum Sein als solchem hat, zur Sonne als solcher, zum Leben, zum Tod. Ein Tier denkt nichts, fühlt nichts, stellt sich nichts vor, dachten sie. Ein Tier, sowas kann den Tod nicht denken, dachte meine Großmutter. Und Heidegger dachte wie meine Großmutter, noch schlimmer als ein anderer Philosoph, Aristoteles, der in der griechischen Antike dachte wie nach ihm die gesamte klassische philosophische Tradition, das Tier sei ohne Vernunft und der Mensch sei ein Tier, aber mit Vernunft.

Was Fips betrifft, so hat er am 12. Februar 1948 gedacht, dass mein Vater tot war und dass alles verloren war. An eben diesem Tag hat er den Tod angeheult. „Daran erinnere ich mich“, sagt mein Bruder. Ich habe es damals gehört, er hat den ganzen Tag geheult. Wir, wir wussten es noch nicht. Man hat es uns zwei Tage später gesagt, aber es war Fips, der es uns angekündigt hatte. Er hatte allen Grund zu heulen, er war der einzige, der um den Tod wusste. Er weinte um unseren Vater und er war allein. Er weinte um sein eigenes Leben und die Freiheit. Er weinte um die Liebe. Er war ganz allein und wir, wir wollten ihn nicht heulen hören. Fips war allein auf der Erde und er rief den Garten als Zeugen an. Er schrie: „Die Welt ist fort, ich bin tot, tot, tot“ und es gab keine Übersetzung. Mit einem Mal ergriff ich Fips Partei gegen meine Großmutter. Ich spürte, wie meine Blicke sich hin zu den weiten Räumen schwangen. Für ihn war das die gesamte Erde. Für mich waren Bücher die gesamte Erde. Ich las und las. Fips rannte und rannte. Und dann ist er nicht mehr gerannt. Er ist festgesetzt worden. Und das war sein Todesurteil. Jetzt erzähle ich euch wie.

Dazu muss man sich zuerst Algerien vorstellen, ein äußerst gewaltgeladenes Land, bevölkert von Herren und Sklaven, die sich gegenseitig umbrachten, und sehr kompliziert. Ich erkläre euch diese Komplikationen ein wenig. Dieses Land war seit 1830 von Frankreich kolonisiert worden. Die Einheimischen, die in Algerien geboren waren, eine Mischung aus Arabern, Kabylen, Juden, wurden urplötzlich von der französischen Kolonisierung überzogen und jedes Stück der Bevölkerung, die in Algerien wohnte, war durch die perverse Einwirkung der politischen Gewalt zum Feind des Nachbarn geworden. Wenn ihr zehn Nachbarschaftskreise hattet, dann verabscheute nun jeder Nachbar die neun anderen Nachbarn, die einander ebenfalls allesamt verabscheuten. Vor allem ein ganz bestimmtes Volk beherrschte und zermalmte alle anderen. Die Franzosen unterdrückten all die anderen Völker und betrachteten sie als so etwas wie Sklaven, natürlich ohne es zu sagen. Diejenigen, die nicht nur Sklaven waren, verabscheuten die Franzosen und verabscheuten sich gegenseitig. Um auf Fips zurückzukommen, so brach, kaum war mein Vater verschwunden, die Jagd los. Und warum? Wir waren nicht mehr die Familie meines Vaters, des Arztes, den die Nachbarn aus dem Elendsviertel wie einen Bruder liebten. Wir wohnten am Rande eines Elendsviertels, in dem fünfzigtausend arabische Menschen ohne Wasser wohnten, mit einem Wasserhahn für fünfzigtausend Leute. Die Bezauberung funktionierte nicht mehr. Mein Vater, der Arzt, der die unterdrückten Araber behandelte, war nicht mehr da. Von einem Tag zum nächsten wurden wir in den Augen unserer arabischen Brüder zu Juden, zu Weißen und sogar zu den Franzosen, die wir nie gewesen waren. Und warum? Sie wurden gewisser Weise seit so langer Zeit so dermaßen, so unmenschlich, so schändlich misshandelt, dass sie vor Wut Rot sahen wie Hunde, die gequält werden, sie bissen ihresgleichen, sie wussten nicht, dass die Juden genauso Kolonisierte waren, dass auch sie von den Franzosen weggeworfen worden waren. Sie griffen uns Tag und Nacht an, meinen Bruder und mich. Wir schrien „Aufhören! Hört auf! Wir sind doch gar nicht zu trennen.“ Aber sie hörten uns nicht, wir waren umzingelt, belagert, meine Mutter in der Stadt, meine Großmutter in der Küche, mein Bruder und ich im Garten. Um den Garten herum die Angreifer, die wir liebten, jedoch vergeblich. Ein Steinhagel. Wir nahmen die Holzsessel als Schild und antworteten Stein um Stein, uns blutete das Herz. Mein Bruder und ich verteidigten uns und warfen die Steine und die Erdklumpen zurück. Wir retteten die Ehre, aber nicht den Frieden und nicht Fips. Wir waren umzingelt, mein Bruder und ich, aber frei. Fips hatte alle Freiheit verloren. Und nun kommt die grausame Wendung dieser Geschichte. Fips ähnelte jetzt unseren Belagerern, unseren arabischen Nachbarn, erzürnt vor lauter Ungerechtigkeit und Elend. Wie wir wurde er den ganzen Tag lang bombardiert, bis zu dem Tag, an dem sich alles gegen ihn kehrte. Verwundet, gesteinigt, gezwungen, in seiner Hütte Schutz zu suchen, beschämt, denn er konnte die Steine nicht auf den Belagerer zurückwerfen, so schäumte er vor Schmerz und Scham, vor allem vor Scham. Der Mord war im Garten meines Vaters angelangt. Der Garten war zur Demütigungskiste geworden. Es war ein weiterer Krieg, ein weiterer Käfig, und wir sahen kein Ende. Der Hund schlief nicht mehr, eine rote Sonne stand in seinen Augen, im Schädel knurrte er wie ein Löwe, prügelübersät. Und eines Morgens umwölkt ein Dunst aus Wut und Angst ihm seinen Kopf, und außer sich, vom Schmerz zerwühlt, reißt ihn der Irrtum mit sich fort, er stürzt sich auf den Briefträger und zerfetzt ihm das Hosenbein. Sofort wird er festgenommen, vor Gericht gestellt und verurteilt. Man legt ihn an die Leine, dann legt man die Leine an die Leine, an die Metallschnur für die Wäsche nämlich. Da dran hängt nun der Hund, enthoben seines Seins als Wesen, als Hund, als Sohn meines Vaters. Wir selbst, wir legen unser ehemaliges Kind und unsern Bruder in Ketten. Wie ein Handtuch hängen wir ihn an die Leine. Nun sitzt er in der Hölle, wie diejenigen, die eine gerechte Sache, weil das Leiden ins Fatale führt, dazu gebracht hat, Blut zu vergießen. Wie fern ist die Zeit, da er schrie: „Frei! Ich bin frei!" Der unschuldige Sträfling denkt: „Allein, allein, ich werde bestraft und angekettet, weil ich angekettet und geschlagen worden bin." Ich hätte mit ihm sprechen sollen, aber mir war das Wort in der Kehle steckengeblieben. Er denkt: „Das ist kein Leben." Ich denke: „Das ist kein Leben." Der Schmerz, nur noch eine versklavte Freiheit zu kennen. Wir lassen ihn nur einmal täglich von der Leine, abends, und unter Erpressung. Er hat solchen Hunger, dass er jeden Abend zwischen der ganzen Erde und dem Teller wählt. Und so kürzt er seinen Lauf von selber ab. Kaum ist er durchs Tor hinaus, treibt ihn der Hunger schon zurück, um sich, unter seinem Schicksal knurrend, wieder anketten zu lassen. Der Krieg geht währenddessen weiter. Unter dem Steinhagel kehrt Fips sein Antlitz zum Himmel. Er fragt den Himmel: „Bin ich Jude? Aber was soll denn das heißen, Jude?" Der Himmel antwortet ihm nicht. Also fragt er: „Bin ich Araber?" Der Himmel antwortet nicht, das überfordert ihn. Fips war das Lamm, der Wolf ist der Hass zwischen den Menschen.

Wenn du nicht das jüdische Lamm bist, dann bist du also das arabische Lamm. Auf jeden Fall ist das Maul der Menschen da, um dich zu zerfleischen.

Ich würde diese Erzählung hier am liebsten anhalten, aber das wäre feige. Wenn Fips irgendwo bei den Toten ist, die so gefährdet sind, weil man tun kann, als habe es sie nie gegeben, die auf andere Weise existieren, dann wäre er traurig, denke ich. Jetzt, wo er tot ist, und zwar tot weil er gestorben ist in Wahrheit an meiner Stelle gestorben, aber in meinem Gedächtnis für immer lebendig, jetzt wäre er traurig, wenn ich nicht die gesamte Wahrheit sage. Ich sagte ja, dass ich nichts zu dem angeketteten Fips sagte. Ich hätte ihm sagen müssen: „Weißt du, Fips, dies ist die Zeit der Ungerechtigkeit, des blinden Hasses, der mörderischen Missverständnisse, der Massaker, der Versklavung, und wir sitzen alle in derselben Feuersbrunst. Aber alle Zeiten enden schließlich, diese Zeit wird ein Ende haben. Nach der Sintflut wird es eine Zeit des Wiederfindens geben. Nach dem Trennen wird wieder vernäht." „Ja, aber ich werde nicht mehr da sein, um die Zeit der Freundschaft zu erleben", hätte er gesagt. „Aber trotzdem, es gibt Zukunft", hätte ich sagen können. Aber ich sagte nichts.

Meine Mutter arbeitete wie verrückt. Ich suchte mir eine Zuflucht in den Büchern, jeder in seinem Käfig, abgetrennt, wie in einem Zoo. Aber ich sagte auch zu mir selber nichts. Wenn man absolut nicht mehr weiß, was zu tun ist, wenn alles verbarrikadiert ist, wenn es innen zu schrecklich ist, gibt es keine

Lösung und oft schweigt man, knebelt sein Herz, hält sich die Nase, die Ohren zu, und am Ende denkt man gar nichts mehr. Was hätte ich tun können? Ich sah nicht. Ich war blind oder eher geblendet von der Schwäche, der Angst und dem schlimmsten der Gefühle. Was dieses schlimmste der Gefühle ist, werde ich euch sagen, denn ich möchte es mir hier vorknöpfen. Es ist nicht die Angst, es ist das Schuldgefühl. Heute weiß ich, dass ich etwas hätte tun können, ich hätte die Worte murmeln können, die alle Lebewesen in jeder beliebigen Sprache verstehen. Ich hätte ihm ein Liebeslied summen können. Ich kann mit Eseln sprechen, mit Hühnern. Einmal habe ich in Florida sogar mit einem Krokodil gesprochen, vielleicht war es eine Krokodilin, die ich aus der Ferne bezaubert habe. Er oder sie kam ans Ufer des Sumpfs, glitt lautlos herbei, und alle um mich herum ergriffen die Flucht. Aber das ist eine andere Geschichte, die erzählt, dass es eine Sprache gibt, in der man einander zwischen Lebewesen übersetzen und verstehen kann. Wenn ich Zeit hätte, würde ich euch auch die Geschichte eines französischen Soldaten erzählen, der ganz allein in der Wüste Algeriens verloren ist, in der Sahara, während der napoleonischen Kriege, und der einer Pantherin begegnet, und diese Begegnung ist so tiefgreifend, dass sie fast alles für einander werden, Freunde, Eltern, Liebende, Kameraden. Diese beiden Personen, die nicht zur selben Spezies gehören, sind vereint in guten wie in schlechten Zeiten, Pantherin und Soldat. Nie sah man solch eine Liebe. Nicht ich erzähle diese Geschichte, sondern Balzac, in einem wahren Märchen mit dem Titel *Eine Leidenschaft in der Wüste*. Gegen Ende dieser aufwühlenden Geschichte fragt eine Dame, der man dieses Abenteuer gerade erzählt: „Aber zwei Personen, die so dafür gemacht sind, einander zu verstehen, wie ging es mit ihnen zu Ende?" „Ah, sagt der Erzähler, es ging zu Ende wie in allen großen Leidenschaften, mit einem Missverständnis." Auf beiden Seiten glaubt man an irgendeinen Verrat. Der Soldat bildet sich auf einmal ein, die Pantherin wolle ihn beißen, und er tötet sie, die Pantherin stirbt sanft, ohne ihn anzugreifen. Ihr habt bemerkt, was die Dame sagte: „zwei Personen, die so dafür gemacht sind". „Person", dieses Wort bewahre ich wie einen Schatz. Das Missverständnis ist, wenn zwei Personen, zwei Lebewesen einander anschauen und sich auf einmal, von einer Sekunde zur nächsten, nicht mehr erkennen, wie in einem Alptraum. Man lebt zusammen, man liebt sich, man schläft zwischen den Pfoten des anderen und mit einem Mal, aus einem mysteriösen, verborgenen Grund schreckt man beim Erwachen hoch, auf dem falschen Bein, und urplötzlich weiß ich nicht mehr, wer du bist, ich glaube, du seist mein Tod, sprich, nicht ich, nicht du. Und da ich also nicht mehr weiß, wer du bist, töte ich dich vor Entsetzen, dich, die Person, die mir am allernächsten ist. Es ist nur ein Missverständnis, aber das ist das Schlimmste.

Ich komme nun zurück zu uns in den Garten, der wie eine Wüste geworden war. Zwischen Fips und mir hat es ein Missverständnis gegeben. Ich war zwölf Jahre alt und er vier. Er, der Gefangene. Es klingelt am Tor, ich bin in meinem Zimmer, ich lese, vielleicht lese ich ja *Eine Leidenschaft in der Wüste*, ich bin wie in einem Traum. Es klingelt, es klingelt wieder, mit einem Satz bin ich draußen, wutentbrannt, weil immer ich es bin, die öffnen soll. Wutentbrannt von Kopf bis Fuß. Fips liegt hingestreckt, angeleint in dem kleinen Hof, er sieht meine wütenden Füße über seinem Kopf ankommen: „Was schon wieder? Warum bist du wütend? Willst auch du mich schlagen?" denkt er. Und der Windstoß einer Verzweiflung durchstiebt ihn, weht ihn hoch. „Rühr mich nicht an" faucht er, das Raubtier. Er stürzt sich auf meinen Fuß, den rechten, und in einem großen Beben haut er seine Zähne wie Nägel in meinen Fuß. Ich war barfuß, wir lebten barfuß. Mir war, als müsse ich an diesem Biss sterben, er biss mich überall, ins Herz, ins Denken, und vor allem in den Fuß. Es war, als würde mich der Biss nicht loslassen, als ob er mir sagte: „Du hast mich verlassen und preisgegeben, aber ich lasse dich nie mehr los." Fips Zähne hatten sich mir bis in die Kehle gegraben, meine Kehle, seine Kehle. Wir begannen wie die Irren zu schluchzen, fielen auf die Erde, die Erde kippte unter unserem Gewicht und wir rollten in den Schlund der Ewigkeit. Aischa, die gerade im Waschtrog Wäsche wusch, hörte es, und weil sie glaubte, man könne nichts tun, um uns zu trennen, hat sie ein Laken genommen, es zu einer schweren Kordel gedreht und damit auf Fips eingeschlagen, der nicht losließ. Sie schlug und schlug, und beim dritten Schlag ist etwas in Fips zerbrochen, sein Herz oder die Kraft seiner Verzweiflung. Er ließ los, wir beide klaffend offen, das Übel war geschehen, ich konnte nicht er sein, er konnte nicht ich sein. Ich konnte auch nicht mehr ich sein. Ich sah mit Entsetzen meinen zerfleischten Fuß an. Ich wollte nicht das Fleisch, das Blut sehen. Ich wollte nicht Fips sehen, ich wollte keines Leides Zeugin sein, und es war, als ob der letzte Faden, der uns verband, gekappt worden wäre. Mein Fuß wurde genäht, es ist wieder verheilt, die Wunde hat sich geschlossen, alles hat sich wieder geschlossen, auch mein Blick. Etwas in mir wollte Fips nicht mehr sehen. Täuscht euch nicht, es war keine Wut, auch nicht Furcht oder Ressentiment, sondern ein Gefühl, das ein Gemisch aus Schuldgefühl und Ohnmacht war. Als hätte ich Fips eigene Wunden wahrgenommen, die so tief waren, die sich nicht schlossen, die zu pflegen und zu vernähen ich nicht die Kraft hatte, weil ich nicht mein Vater war. Der Auftrag, Fips Schmerz zu heilen, überstieg meine Kräfte. In der Folge vermied ich es, an ihm vorbeizugehen, ich tat, als ob er nicht existierte. All das habe ich niemandem gesagt, auch mir selbst habe ich es nicht gesagt. Kurz danach bekam er Zecken, groß wie Kichererbsen, die man ihm mit den Fingern herausdrehen musste. Ich hätte diese Vampire, die ihm das Blut aussaugten, mit Liebe und Mitgefühl entfernen müssen. Später habe ich mit der Freude derer, die retten und heilen, die Zecken entfernt, die ihre kleinen Krallen in meine Katzen gegraben haben. Aber in jener Höllenzeit damals reichte meine Liebe weniger weit als mein Ekel. Voller Widerwillen riss ich die Zecken heraus. Es dauerte mich mehr um mich als um ihn. Fips Leiden bescherte mir Leid, mir zuerst. Ich war weder sein Ritter noch seine Mutter noch sein Vater. Ich war nicht der Engel meines Hundes. Die Zecken fraßen ihn bei lebendigem Leibe auf. Ich hätte durch die Flammen gehen müssen, um mein einstiges Kind zu retten, was ich heute tun könnte, aber gestern konnte ich es nicht. Und dabei liebte ich ihn, aber noch nicht, nicht im Garten. Sondern für später.

Vorhin sagte ich, dass ich zwei heißgeliebte Katzen habe, Zwillinge, eine ganz in Weiß, die andere ganz in Schwarz. Aber vor Philia und Aletheia hat es die andere Katze gegeben, Tessie, „meine Liebe, mein Kind, meine Schwester, meine Braut". Ich zitiere hier einen wunderbaren Text von Charles Baudelaire, er heißt *Invitation au voyage*, das heißt *Einladung zur Reise*. Als Tessie ankam, bin ich geflohen. Sie war ein Findelkind, ein winziges Wesen, das in einem Theater unter einem Holzofen saß und ihre Pfötchen hergezeigt hatte. Ein „man" hatte sie dort ausgesetzt, sie weggeworfen. Im Theater hatten allerdings andere Katzen das Sagen und Tessie hat Prügel eingesteckt. Sie ist in ihr Loch unter dem Ofen zurückgekrochen, das Theater hat mir gesagt: „Nimm sie." Ich habe geantwortet „Nein, nein und nochmals nein".

Und habe sie genommen. Aber ich wollte nicht. In meinem tiefsten Innern Fips, der Schmerz Fips, der eingeschläferte Fips, es war, als hätte man mir gesagt, ich solle den Vulkan wieder an mich nehmen. Steige auf den Berg, nimm Prometheus unter deine Fittiche. Ich habe gesagt: „Ich nehme sie für drei Tage, mehr nicht." Ich bin doch nicht umsonst mein ganzes Leben lang vor dem Gedanken ans Tier geflohen, ich will nicht wiederleben, um wiederzusterben. Und tausend Gründe, die ich alle aufzählen könnte, gab ich an, um das Kind nicht behalten zu wollen. Einen davon will ich sagen, es handelt sich um die Liebe, um das Tier Liebe. Ich habe versucht, Tessie dem Theater zurückzugeben. Nimm sie zurück. In dem Augenblick ist der Geist von Fips in mir erwacht und hat mir gesagt: „Du wirst mich nicht noch einmal verlassen." Ich konnte nicht einmal antworten, denn Tessie saß schon schnurrend, von einem beängstigenden Vertrauen angeleitet, vor meiner Tür. Ich habe meine Großmutter zu Hilfe gerufen und habe Tessie die ganze Nacht vor der Tür sitzen lassen. Aber ich weiß nicht wie, sie schnurrte schon, reines Vertrauen, auf meiner Brust, in meinem Herzen. Sie hat ihre Arme um meinen Hals gelegt, sie hat ihren winzig kleinen, fast nicht vorhandenen Mund an meine Lippen gelegt und gemurmelt: „Hab keine Angst, hab keine Angst." Und da ergriffen mich Ehrfurcht und Bewunderung, ich konnte nicht mehr alles tun, um zu versuchen, mir etwas weiszumachen. Sie wusste bereits alles, was ich dachte und befürchtete. So winzig klein, sie wog ein Kilo, sie wusste auch, wie sie in meine Reichweite gelangte, auf Augenhöhe, wie sie mir in Größe, Form und Maßen entgegenkam, sie konnte das Kind, die Braut, den Bräutigam, den Geliebten, den Menschen spielen, sie mit ihrem federleichten Sein. Sie formte dieses Sein an meinem, ohne zu lasten, ohne zu erdrücken. Und diese Erfindung des Kusses. Wie ihr wisst, küssen die Katzen sich untereinander anders, mit der Nase, den Zungen. Da sie mich adoptiert hatte, hatte sie bereits auf ganz natürliche Weise die Arbeit der Liebe gemacht, sie war mir ähnlich geworden, sie hatte ihren kleinen Körper in einen menschlichen Körper übersetzt, in Größe, Höhe, Tiefe hatte sie sich mit Feinsinn übersetzt, und sie las meine Gedanken. Zwischen uns hat es nie Verrat gegeben, nicht den Schatten eines Hintergedankens, sprich den Schatten eines Vorwurfs, der ein Schuldgefühl verursacht, das Ressentiment verursacht, das einen kleinen Funken Wut verursacht, der einen kleinen Hass in Brand steckt. Ihr kennt diese Kette, die verkettet und ankettet. Sie wusste, dass ich sie niemals im Stich lassen würde, als ob mein gesamter Vorrat an Im-Stich-lassen mit Fips aufgebraucht worden war. Sie hatte keine Angst, wenn ich fortging, ich wusste es. Ich sagte ihr: „Ich bin heute den Tag über weg“ oder auch „Ich fahre für zwei Wochen fort.“ Ich sagte: „Ich komme wieder.“ Sie hegte an meinem Wort keinerlei Zweifel, ich fürchtete nicht, dass sie sich fürchtet. Sie beschnitt meine Freiheit nicht. Ich hing an ihr mit Leidenschaft, mit Freude, mit Begehren. Wir haben nie aufgehört, uns zu finden und wiederzufinden. Sie wollte mich, aber niemals in ihrem Leben hat sie mir übelgewollt. Da die Angst kleine spritzige Vergnügen birgt, haben wir uns die auch so gegönnt. Wir spielten, wir taten so, als ob wir einander verlören, sie versteckte sich. Es war pures Theater, ich spielte die Rolle der in Tränen aufgelösten Freundin, ich lief an ihrem Versteck vorbei, ich klagte und jammerte, ich tat, als sähe ich ihre Schwanzspitze nicht, die vor Freude auf und nieder hüpfte. Ich rang die Hände, rief meinen Monolog: „Ach, ach, meine Tessie ist verloren. O Himmel, gib mir meine Eurydike zurück.“ Am Ende hielt sie es nicht mehr aus, lachend tauchte sie aus einer Schublade oder aus einem Spalt in einer Wand aus Wörterbüchern auf. Sie hat mir immer nur Gutes getan. Denn sie hatte ihr Vertrauen in mich gesetzt. Wenn mein Geliebter und ich uns liebkosten, war sie ganz in der Nähe, sie leuchtete sanft wie eine Lampe, ein Segen, sie war unsere Zeugin. Wir waren in ihren Augen die geladenen Gäste des Glücks, sie war unsere Hüterin und unsererseits setzten wir sie nicht hinaus, wir teilten das Brot miteinander. Es gab keinerlei Grund, sie auszuschließen, keinen Ausschluss. Bei den Mahlzeiten genauso, sie hat immer gern zugleich mit uns gegessen. *Tout était luxe, calme et volupté*. Alles war Lust und Heiterkeit und Pracht. Selbst wenn wir dem Anschein nach nicht dieselbe Farbe hatten, so waren unsere Seelen einander gleich.

Sie gab mir das Leben, ihr Leben, mein Leben und ohne jegliche Schulden. Sie hat mir auch ihren Tod gegeben und ich bewahre ihn, aber davon kann ich hier nicht sprechen. An dieser Gabe glaubte ich zu sterben, aber man muss trotzdem bleiben. Sie hat ihre linienfeinen Lippen an meinen Mund gelegt und gesagt: „Hab keine Angst, ich komme wieder, ich werde ein Mittel finden." Und sie hat ihren letzten Atemzug auf meine Zunge wie auf meine Sprache gelegt. Sie ist wiedergekommen. Das Mittel dazu war Philia und Aletheia. Meine beiden Katzen sind an genau dem Tag geboren, so wie man ein Feuer an der Glut entzündet und einen Namen an einem Namen. Von Tessie ist Theia gekommen und von Theia Aletheia, was im Griechischen Wahrheit heißt. Und von Aletheia ist Philia gekommen, was im Griechischen Liebe heißt. Die Liebe, die liebt, die Liebe der Liebe. Wenn ich indes nicht lieben würde, wenn ich nicht vor Angst zu verlieren stürbe, wenn ich also keine Katze zu verlieren hätte, wäre ich arm, ohne Freude, ohne Leben. Ich wäre ohne Gedächtnis, ohne Fieber, ohne dich, also ohne mich selbst, ich wäre ohne.

Und nun will ich versuchen, euch einen der tausend Gründe zu nennen, die mich dazu brachten, vor Tessie, die doch das allerhöchste Gut war, zu fliehen; den wahrsten der tausend Gründe: Meines Erachtens ist es die Angst davor, an ihrem Tod zu leiden, eine entsetzliche Angst. So verhält es sich. Die Liebe, die uns das Glück gibt, gibt es uns in seiner schärfsten, berauschendsten, köstlichsten Gestalt nur um den Preis des Todes. Wer liebt, zittert um den anderen, durch den anderen. So ist es. Wer mir zu leben gibt, gibt mir gleichermaßen zu sterben. Ich hatte bereits am Tod meines Vaters zu sterben gehabt, dann am Tod von Fips, seinem Adoptivsohn, meinem Kind, meinem Bruder. Jeder Tod widerfährt mir. Ich fürchte den Biss, die Amputation. Beim Tier Liebe ist der Tod sicher. Noch sicherer als der meine, weil sein Leben naturgemäß kürzer ist, zumindest im Prinzip, außer beim Elefanten. Von uns beiden wird eins das andere sterben sehen, eins wird das Sterben und den Tod des anderen erdulden müssen. Wir wissen nicht, wer von uns beiden überleben wird, aber mit meinem Pech, sage ich mir, wette ich darauf, dass es noch einmal ich sein werde, die das Unglück haben wird, mit einem Leben weniger leben zu müssen. Aber wenn ich das andere Glück hätte, dasjenige als erste zu sterben, wäre ich damit zufriedener? Da es mir noch nicht widerfahren ist, habe ich keine Ahnung.

Neulich Nacht brach Feuer aus, das Haus brannte. Als die Feuerwehr kam, hatte ich eine Minute, gerade genug, um eine Katze zu retten. Ich wusste nicht, welche ich war. War ich Aletheia oder Philia? Gleich danach, eine Minute später, war der Brand fort, gelöscht. Das uralte Grauen ist geblieben. Wer nicht rettet, tötet. Hätte ich die eine gerettet, wäre ich in der anderen gestorben. Es kann vorkommen, dass man nicht rettet, dass man nicht retten kann.

Was tun? So viel wie möglich retten, wenigstens versuchen, wenigstens daran denken zu versuchen. In irgendeiner Zeitung habe ich gelesen, dass alle, die man Menschenaffen nennt und die unseresgleichen sind – obwohl ich eher sagen sollte, wir sind ihresgleichen –, im Jahr 2050 ausgestorben sein werden. Ich werde dann schon lange gestorben sein. Welch eine Erleichterung, sage ich mir. Zumindest werde ich die anhaltende Verwüstung, das anhaltende Aussterben nicht in meiner Brust zu spüren bekommen. Immer weniger Gorillas. Und dann gar keine mehr. Gar keine Schimpansen mehr, keine Bonobos, vorbei ist es mit den Orang-Utans. Lebt wohl, Rattenfänger. Fips, als habe es dich nie gegeben. Aber ihr Kinder, die ihr Verwandte der Gorillas und Bonobos seid, ihr werdet das erleben, das müsst ihr wissen. Wenn ihr nicht achtgebt, werdet ihr ohne Geschwister im Fellkleid sein, ich meine, ihr werdet ohne Fellkleid, nackt sein, ohne dünnes oder dickes Fell, man wird euch das Fell eurer Geschwister über die Ohren gezogen haben und sie werden euch fehlen. Eine neue Kälte wird auf dieser Erde Einzug halten. Eine Kälte der Einbildungskraft. Wenn ich nichts tun kann, dann ihr, tut etwas.

Ich bin am Ende angelangt, aber ich füge ein Postskriptum hinzu. Ich glaube, dass der Geist von Fips in meinem Haus ist. Ich sehe ihn nicht, ihn, den Rattenfänger, aber ich erkenne ihn an einem bestimmten Zeichen wieder. Und zwar an den Schuhkartons. Meine zwei Katzen, Aletheia und Philia, haben beide mehrere Wiegen, Hängematten, Körbe, Nester, geflochtene Weidentaschen, zahlreiche Wohnunterkünfte. Aber am liebsten sind ihnen die Schuhkartons. Es ist etwas an diesen ein wenig zu kleinen Kartons, das sie bezaubert und sie dazu bringt, sich wie Igel einzurollen, um in den Karton zu passen. Ich ahne, dies kann nur Fips Phantom sein, das ihnen die Pfoten reicht.

*Dieser kleine Vortrag ist am 21. Januar 2006 im Nouveau Théâtre de Montreuil gehalten worden.*

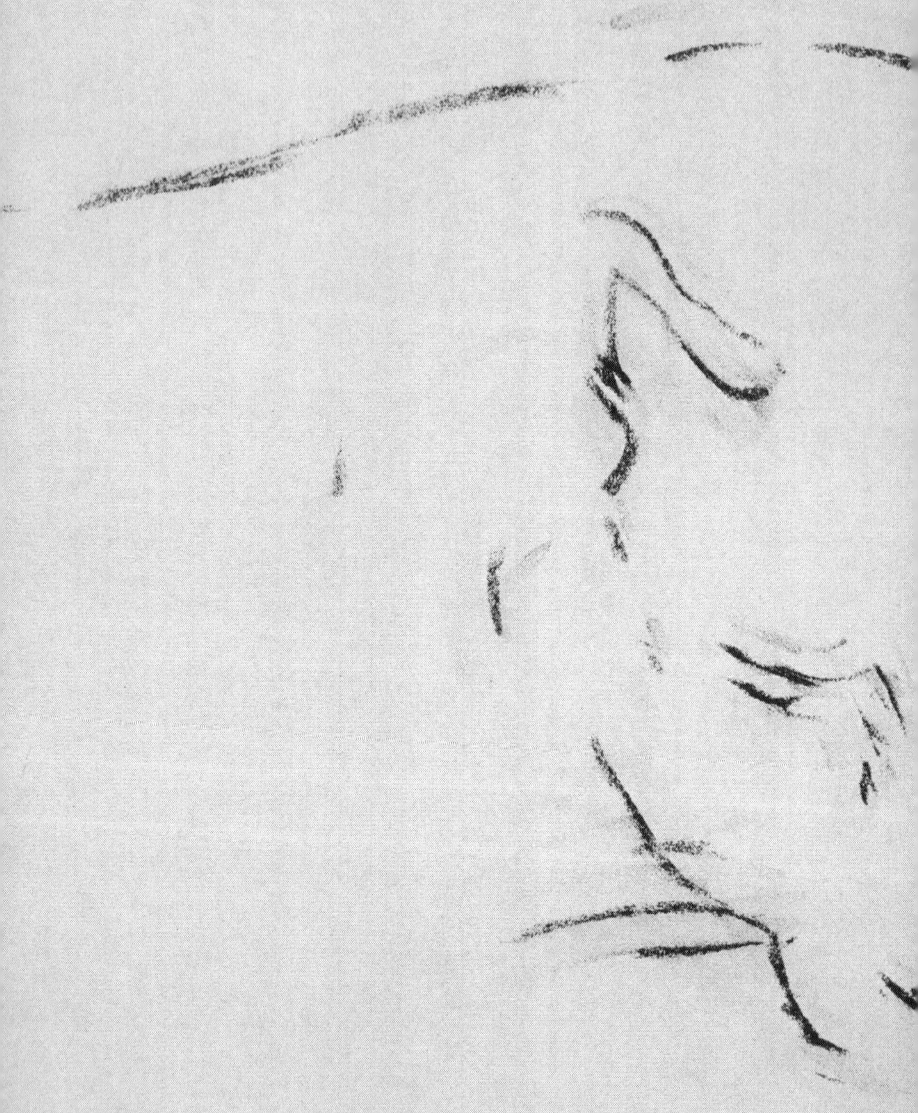

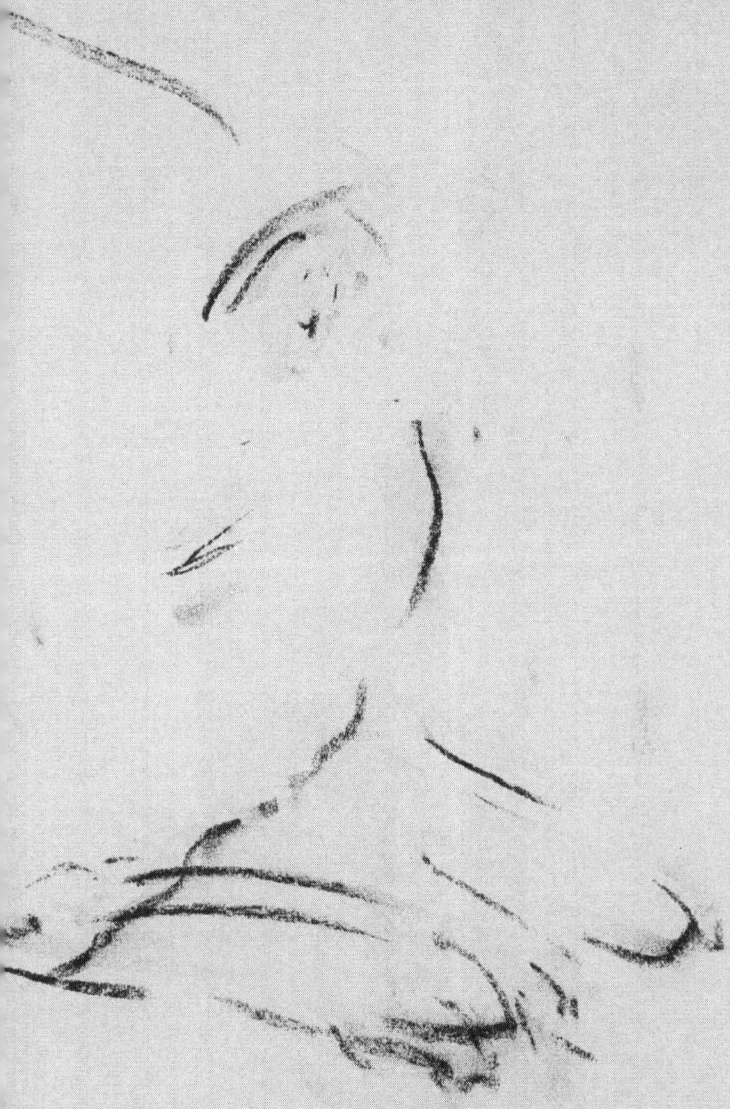

# Fragen/Antworten

*Was sind Bonobos?*

Hélène Cixous: Das sind die Affen, die uns am nächsten sind, nur ein paar Millimeter von unserem genetischen Code entfernt.

*Alle großen Verhaltensforscher, die mit Affen lebten, waren Frauen. Ist das Ihrer Meinung nach Zufall?*

Verhaltensforscher sind jene Gelehrten, die Feldforschung betreiben, die Ethnologen der Tiere. Tatsächlich sind es sonderbarerweise in der Mehrheit Frauen. Eine von ihnen, Jane Goodall, von der ich vor Kurzem ein Interview las, hatte diese Tatsache selber angemerkt. Die meisten der anerkannten Verhaltensforscher, bewundernswerte Leute, die die Tiere aus der Nähe studieren, um ihnen ihre Würde zurückzugeben, um sie vom Status als Getier zu befreien, sind Frauen. Jane Goodall, eine einfache und zugleich geniale Frau, hat versucht zu erklären, was diesen Bund ausmacht, diese Liebe zwischen den Frauen und diesen Tieren, und sagte dazu, dass Männer keine

Lust haben, sich neben einem Affen fotografieren zu lassen. Man müsste sich die Frage stellen: Warum haben sie keine Lust, sich neben einem Affen fotografieren zu lassen? Vielleicht finden sie sich selbst zu affig und sagen sich deshalb, dass man dann sehen wird, dass sie Affen sind. An dieser Bemerkung ist etwas Wahres dran. Ich glaube, es ist auch eine Frage von Liebe und Geduld, die wenige Männer haben. Es liegt etwas Mütterliches, Zärtliches darin, zu verweilen, lange Zeit dazubleiben, den Mut zu haben, die Artenschranke zu überschreiten, sich zu sagen, letztlich liebe ich diesen Schimpansen oder diesen Gorilla wie meinen Bruder, wie meinen Ehemann. Nicht als, sondern wie, als ob. Das ist sehr schwierig und verboten. Dieselbe Jane Goodall berichtet etwas Außerordentliches: Die Wissenschaftler haben ihr vorgeworfen, dass sie die Schimpansen in ihren Berichten über sie mit Namen nennt. So haben sie beispielsweise den Namen David gelöscht, das war der Schimpanse, der Jane Goodall am nächsten stand, um ihm stattdessen einen Codenamen zu geben wie B1, B7 und so weiter.

*Sind die Geschichten, die Sie erzählt haben, wahr?*

Das ist eine sehr schöne Frage. Sie könnten auch nicht wahr sein, du könntest sie ebenfalls erzählen. Aber sie sind wahr. Auf gewisse Weise werden alle Geschichten wahr, wenn es einem gelingt, etwas von seiner Angst, seiner Leidenschaft ins Erzählen zu legen. Ich könnte andere erfinden und sie wahr machen. Beispielsweise bin nicht ich es, die das Beispiel vom Soldaten und der Pantherin erzählt, sondern ein großer Schriftsteller namens Balzac, und doch habe ich die Geschichte, als ich sie las, für wahr gehalten. Ich habe keine Ahnung, aber für mich ist sie wahr. Sie könnte geschehen.

*Geben Ihnen Ihre Erinnerungen an Fips Kraft für das Bemühen, frei zu sein und als diejenige zu leben, die Sie sind?*

Ja, gewiss, aber stets in der paradoxen Situation, die ich vorhin zu beschreiben versuchte. Wie immer schmeckt man den Geschmack der Freiheit oder die Liebe zur Freiheit erst, wenn sie einem fehlt. Ich denke mal, dass Sie und ich frei sind, in jedem Fall als Bürgerinnen, und doch sind wir uns dessen gar nicht sicher. Es kann gut sein, dass die Freiheit von einigen hier eingeschränkt ist, beispielsweise wenn sie keine Papiere haben. Dann kann es auch sein, dass man nicht frei ist, weil man verheiratet ist und in einer Lage, in der die Ehe zum Gefängnis wird. Was das Leben definiert, nämlich, dass es jenseits seiner selbst weitergehen und dass es stärker als wir sein kann, das habe ich mir erlaubt, Freiheit zu nennen. Wie dermaßen unfrei man sein kann und wie die Seele an dieser Abwesenheit von Freiheit stirbt, habe ich begriffen, als ich klein war, in meinem Geburtsland, weil da niemand frei war. Manche Wesen waren noch weniger frei als die anderen. Es gab Gefängnisse, die andere Gefängnisse umgaben. Am Ende sagte ich mir, dass auch die Franzosen, obwohl sie herrschten, nicht frei waren, weil sie selber Gefangene dessen waren, was sie den anderen auferlegten. Sie selbst wiederum waren Sklaven der Deutschen gewesen. Es gab eine Stufenleiter der Versklavung und des Freiheitsmangels. Am wenigsten frei von allen im Ganzen der Natur waren die Tiere, die die Sklaven der Sklaven der Sklaven waren. Und zwar auf eine zutiefst ungerechte Weise und obendrein mit der Schwierigkeit des Sprechens. Meistens tun wir so, als ob die Tiere nicht sprächen. Wir sagen zu ihnen: „Ihr sprecht ja nicht." Dabei sprechen sie, selbst wenn sie nicht dieselbe Sprache sprechen wie wir. Ich habe die Geschichte von den Hühnern nicht erzählt. Aber ich kann euch sagen, dass es in meinem Garten vielleicht noch Unglücklichere gab als Fips: die Hühner. Sie waren direkt nebenan, in einem Gitterverschlag. Ich habe gesehen, was jeder in seinem Leben gesehen hat, aber wenn man es erlebt, dann tilgt man es entweder oder man sieht es und spürt in eben dem Moment, wie sich die Gitter ins Fleisch des Gedächtnisses graben. Ich habe etwas gesehen, das man zu ertragen lernt und das unerträglich ist. Das Leben ist sehr grausam und wir haben keine andere Waffe als zu versuchen, uns etwas auszumalen und nachzudenken. Fips hat mir viel beigebracht. Ich habe gespürt, dass ich in einer Geschichte war, in der ich ihn zunächst als drittes Kind betrachtet hatte, dann ist er wieder zum Hund geworden, der abgelehnt wurde und der daran gestorben ist.

*Wann sind Sie Schriftstellerin geworden und warum?*

Um die Wahrheit zu sagen, fällt mir die Antwort auf deine Frage schwer, denn ich weiß es nicht genau. Wann, weiß ich nicht genau. Bevor aus mir eine wurde, die Bücher schreibt, als ich so alt war wie du, lebte ich praktisch in Büchern. Es war der einzige Ort, an dem ich fühlte, dass von Zeit zu Zeit wunderbare Dinge geschahen, die weniger ungerecht waren als in der Wirklichkeit. Ich kann wohl sagen, dass es mit der Lektüre angefangen hat. Fips ging in seine Hütte, und meine Hütte war ein Buch. Ich las und las, ich sagte mir, dass diese Welt kostbarer war als alles andere. Sogar in heutigen Gefängnissen kannst du dir ein Buch ausleihen und schon ist es, als ob du eine Tür, ein kleines Loch in der Mauer hättest, um zu versuchen zu entfliehen. In einem Arbeitslager kann man sich kein Buch ausleihen. Lesen zu können, über eine Zauberwaffe zu verfügen, das war wunderbar. Dann habe ich mir gesagt, ich könnte diese Zauberwaffe ja benutzen. Aber ich weiß nicht, wann ich zuerst gemerkt habe, dass ich Lust darauf hatte. Sehr früh. Vermutlich fing der Wunsch zu schreiben an, als mein Vater gestorben ist, das heißt mit zehn Jahren. Aber eine Schriftstellerin zu werden, ist eine lange Geschichte. Warum also? Weil ich wusste, dass man so entfliehen und eine andere Art von Freiheit wiederfinden konnte.

*Wie sind Sie nach Frankreich gekommen?*

Als ich in Frankreich ankam, reiste ich zum ersten Mal in dieses Land. Wenn ich mich mit den kleinen Arabern prügelte, die dieselben waren wie ich, aber es nicht wussten, dachten sie, dass ich Französin sei. Was überhaupt nicht stimmte, selbst wenn ich keine Araberin war. Meine ganze Kindheit hindurch hatte ich nur einen Gedanken, nämlich Algerien zu verlassen, weil ich zu sehr litt. Ich sah nur Unglück, Armut, Elend, Ungerechtigkeit. Als ich siebzehn Jahre alt war, als ich selbst eine Möglichkeit zur Freiheit hatte, weil ich meinen Unterricht am Gymnasium mit dem Abitur beendet hatte, sagte ich mir, dass ich fortgehen muss, um in diesem bösen Land nicht verrückt zu werden. Ich bin nach Paris gegangen, jedoch kannte ich Frankreich nicht. Meine Familie mütterlicherseits war deutsch und die andere Hälfte, die in Algerien geboren war, kam aus Spanien. Aber das Land, in das ich gehen konnte, war eben Frankreich. Damals fuhr man mit dem Schiff. Man nahm ein riesiges Schiff, das nach Städten benannt war, denn eines hieß *Ville d'Alger* und das andere *Ville d'Oran*. Das war lustig, weil man eine Stadt nahm, um über das Meer zu fahren, dann landete man in Marseille, wo man den Zug hinauf nach Paris nahm. Ich bin in Frankreich angekommen und habe, sehr fremd, versucht, einen Weg in die französische Welt zu finden, in die französische Gesellschaft, ins französische Studium. Ich liebte an Frankreich die Bücher, die Sprache, nicht die Regierung. Ich habe Frankreich aber auch nicht für seine Regierung gehalten, ich wusste sehr gut, dass die Regierungen vorbeigehen, sich wandeln.

*Welche Bücher haben Sie in dem Alter gelesen, von dem Sie im Zusammenhang mit Fips sprachen?*

Ich las alles, was ich finden konnte. Ich hatte ein solches Bedürfnis zu lesen, das war so, als hätte ich Nahrung nötig. Glücklicherweise gab es in dem Elendsviertel, in dem wir lebten, eine Stadtbibliothek. Ich fieberte dem Donnerstag entgegen, weil ich da Bücher aus der Bibliothek holen wollte. Ich nahm meine deutsche Großmutter mit, die ganz klein war, denn auf diese Weise bekam ich nicht nur die zwei Bücher, auf die wir pro Person Anrecht hatten, sondern vier, meine und die meiner Großmutter. Ich hatte sie in der Stadtbibliothek angemeldet und nahm sie mit, allerdings wählte sie doch Bücher aus, die sie selbst interessierten, wie Agatha Christie. Darum habe ich alles von Agatha Christie gelesen. Ich habe alles kunterbunt durcheinander gelesen, Alexandre Dumas, Balzac, alles, was ich in die Finger bekam. Es war mir vollkommen egal, solange es nur ein Buch war. Ich las auch Zeitschriften, die schlimmsten, *Ciné-monde*, alles, was es gab, egal was, solange ich nur lesen konnte. In vierundzwanzig Stunden hatte ich alles verschlungen. Was ich damals noch nicht hatte, denn das gab es meines Erachtens nicht in dieser Bibliothek, war Dostojewski. Den habe ich ein bisschen später gelesen, mit dreizehn oder vierzehn Jahren. Aber ich las Victor Hugo, und was ich eben finden konnte. Ich wage nicht zu sagen, dass ich auch einen Haufen Blödsinn der damaligen Zeit las, jämmerliches Zeug. Ich las sogar Krimis, die mich tödlich langweilten. Seit meine Großmutter keine Krimis mehr liest, habe ich keinen einzigen mehr gelesen. Was ich allerdings nicht gelesen habe, das sind Kitschromane, die widerten mich an.

*Welche Autoren mochten Sie am liebsten?*

Viele. In der französischen Literatur und in den anderen. Ich liebe die großen französischen Klassiker, ich lese äußerst gern Stendhal, Balzac, Proust, Hugo oder Autoren unserer Zeit wie Maurice Blanchot. Ich lese sehr gern Montaigne, alle Dichter, aus Freude an der Sprache, von Ronsard, Rimbaud bis zu den heutigen Dichtern. Ich liebe auch viele literarische Texte anderer Sprachen, Shakespeare, Homer, die *Ilias* und die *Odyssee,* deren Namen jeder schon mal gehört hat, und andere, seltenere wie die deutschen Romantiker oder Kafka. Ich gehe nicht mehr mit meiner Großmutter in die Bibliothek, aber ich verfolge alles, was an Büchern auf Französisch und in anderen Sprachen erscheint, und ich probiere aus Neugier und Verlangen alles aus. Mit elf Jahren hat mir Alexandre Dumas einen großen Kummer bereitet. Ich las *Die drei Musketiere* und ich entdeckte, dass es, o Wunder, eine Fortsetzung gab. Dann komme ich zum Vicomte de Bragelonne und auf einmal geht es nicht mehr weiter. Ich war verzweifelt. Ich habe mich gefragt, was ich tun soll, und ich habe wieder von vorn angefangen. Ich liebte dicke Bücher, ich frage mich sogar, ob ich nicht manchmal die möglichst dicken aussuchte, damit die Lektüre wenigstens bis Sonntag dauerte. Und du, welches ist dein Lieblingsbuch? Wirst du mir nun antworten *Harry Potter?*

*Haben Sie* Der Herr der Ringe *gelesen und wenn nicht, warum nicht?*

Da triffst du einen wunden Punkt, denn ich sollte ihn gelesen haben. Ich habe ihn nicht gelesen, aber meine Kinder und meine Enkel. Vielleicht wollte ich ihnen ein Buch lassen, das ich nicht gelesen habe. Von Zeit zu Zeit höre ich sie vom *Herrn der Ringe* erzählen. Ich hätte ihn lesen sollen. Ich denke, ich werde mich daran machen.

*Meinen Sie, dass Sie damals frei waren wie Ihr Hund?*

Ganz genau wie mein Hund. Ich denke, dass ich innerlich frei war, aber nicht äußerlich. Es hatte kein Ende. Selbst heute stelle ich mir die Frage nach der Freiheit. Bis zu einem gewissen Grade bin ich frei, aber es gibt Dinge, die ich nicht steuere, das ist sicher. Ich muss sagen, wenn ich auf eine Grenze stoße, die dem Tor, den Gittern und der Mauer meiner Kindheit ähnelt, packt mich eine große Wut und ich werde zum rasenden Hund.

*Lieben Sie Ihre Arbeit als Schriftstellerin?*

Das ist die einzige Frage, auf die ich ganz leicht antworten kann. Ich liebe sie sehr. Das ist ganz rein und ohne Hintergedanken, ich bin keine unglückliche Schriftstellerin, die sich beim Schreiben vor Schmerzen windet; ich liebe es und Schreiben schenkt mir alle Wonnen der Welt, die Freuden, die negativen, die Tragödie, die Kümmernisse, aber zur gleichen Zeit die Komödie. Ich kann auch Dinge schreiben, bei denen ich mich krummlache. Für mich ist es ein zusätzliches Leben. Außerdem kann ich gar nicht ohne Schreiben leben, was ein Problem ist, denn ich habe immer Angst davor, was geschehen würde, wenn ich materiell nicht mehr schreiben könnte. Ich habe nicht gelernt, ohne es zu leben.

*Was könnten Sie über Ihre Beziehungen zum heutigen Algerien sagen?*

Diese Frage ist unendlich, also wird meine Antwort sehr oberflächlich sein. Es ist ein Land, an dem ich leider mit klarem Blick das ganze Ausmaß des Leidens wahrgenommen habe, das ein besonderes Leiden ist, es unterscheidet sich von demjenigen seiner Nachbarländer. Es ist ein Land, für das ich sehr starke Gefühle empfinde, so wie man sie gegenüber einem Geburtsland empfindet, das überdies eine ganz besondere Art von Körperlichkeit hat, eine Lebensfreude im Unglück. Meine heutigen Beziehungen zu dem Land sind anders. Ich bin in Algerien geboren, als es von den Franzosen kolonisiert war. Das algerische Algerien ist ein anderes Algerien, mit dem ich mich verwandtschaftlich verbunden fühle, zumindest mit manchen Algeriern, denn ich mag sie nicht alle, genauso wie ich auch nicht alle Franzosen mag. Ich bin mit einer bestimmten Welt verbunden, bei der ich das Gefühl habe, dieselben Werte zu teilen, dieselben Leidenschaften, dieselben Wahrnehmungen und Empfindungen. Ich teile unendlich viel mit diesem Land und auf eine ganz besondere Weise, so wie alle Leute, die aus dem Land, in dem sie geboren sind, fortgehen mussten, die ein zweites und ein drittes Land haben. Die Geschichte des 20. und 21. Jahrhunderts, die besteht auch darin, das Land zu verlassen, den Ort zu wechseln, exiliert zu sein, ein Land zu verlieren, ein anderes Land zu finden, ein ehemaliges Land wiederzufinden. Es ist ein Land, an dem ich außerordentlich hänge und von dem ich mir wünsche, es möge ihm gut gehen.

*Haben Sie viele Rechtschreibfehler gemacht, als Sie mit dem Schreiben angefangen haben?*

Es tut mir leid, aber ich habe keine Rechtschreibfehler gemacht. Es ist ein Rätsel, ich kann nicht gut erklären, was es mit Rechtschreibfehlern auf sich hat. Ich hatte eine solche Lust auf die Sprache, ich liebte die Sprache so sehr, dass ich sicherlich versucht habe, sie so schön wie möglich zu machen, wie eine Pantherin, wie eine Frau oder einen Mann, wie einen Menschen. Ich habe immer sehr darauf achtgegeben, dass der Satz schön ist, ohne jede Spur eines Fehlers. Aber ich weiß auch, dass manche Leute die Sprache lieben und trotzdem Rechtschreibfehler machen. Es ist ein Rätsel, aber so etwas gibt es. Ich habe sehr liebe Freunde, die ungeheuerliche Rechtschreibfehler machen. Und dabei sind es keine Kinder, sondern große Menschen und oft große Profis oder Künstler. Im Prinzip mache ich keine, ich meine, ich habe nie Diktate für Erwachsene mitgemacht, die dann überprüft werden. Vielleicht würde ich Fehler machen. Außerdem muss ich sagen, dass ich Wörterbücher liebe. Sie sind wie Wälder. Jedes Mal, wenn ich im Wald des Französischen bin, finde ich noch ein weiteres Wort, und noch ein anderes, und ich gehe immer aus Vergnügen im Wörterbuch auf die Suche.

*Gab es in der Bibliothek, in die Sie gingen, Comics?*

Deine Frage ist sehr interessant. Ich glaube, in dieser Bibliothek gab es keine Comics. Das fing damals gerade erst an. Als ich klein war, war der Krieg gerade erst vorüber und die Welt war noch ziemlich arm. Bücher waren teuer und wir waren recht arm. Comics gab es vor dem Krieg und sie sind später wieder aufgetaucht wie eine Art Luxus. Wir hätten die ersten Comics gern getauscht, weil wir es eigentlich nicht wagten, welche zu kaufen. Mein Bruder war ganz verrückt nach *Spirou*, er konnte von diesem Comic nicht lassen, und mein Sohn war dann ganz verrückt nach *Pif.* Ich selbst bin nicht mit Comics aufgewachsen. Ab und zu lese ich eins, mal mehr, mal weniger gern, aber meine Enkelkinder versuchen mich davon zu überzeugen, dass Comics genial sind. Und weil sie ausgesprochen liebenswürdig sind, haben sie mir welche geschenkt. Ich habe also die Comics gelesen, die mir meine eigenen Enkel geschenkt haben. Es gibt welche, die ich überhaupt nicht verstanden habe, nichts. Es gibt andere, die ich sehr gut verstehe und die ich genial finde. Ich bin eine ziemliche Niete in Sachen Comic, wenn es Prüfungen gäbe, würde ich durchfallen. Joann Sfar mag ich zum Beispiel sehr.

*Wenn Sie keine Tiere essen, sind Sie dann Vegetarierin?*

Ich will all meine Sünden bekennen. Es kommt vor, dass ich Tiere esse, aber ehrlich gesagt bemühe ich mich, mein eigenes Gedächtnis hinunterzuschlucken. Als ich klein war, war ich ganz offen Vegetarierin, ich kippte nämlich um, wenn man mich zwingen wollte, Fleisch zu essen. Dann habe ich meine Meinung geändert und mir gesagt, man muss wohl Fleisch essen. Ich habe meine Meinung etliche Male geändert. Ich bin nicht Vegetarierin wie die Vegetarier es sind, ich mache daraus keine Religion. Ich könnte sagen, es ist genauso mit den Fischen und so weiter. Es hat kein Ende, ich finde nie Ruhe. Ende heißt im Französischen *fin*, Hunger heißt *faim*, *fin* schreibt man *faim*.

*Haben Sie* Die Chroniken von Narnia *gelesen?*

Nein, ich habe auf diesem Gebiet nicht alles gelesen.

*Zeichnen Sie?*

Nein. Als ich klein war, habe ich gern gezeichnet, aber ich denke, ich habe es bald aufgegeben, weil ich merkte, dass ich nicht gut genug war. Um die Wahrheit zu sagen, zeichnet mein Bruder, der ein Jahr jünger ist als ich, sehr gut und ich denke, wir haben die Dinge wohl untereinander aufgeteilt. Ich schreibe und er zeichnet. Das ist nicht wahr, aber ein bisschen ist es doch so.

*Ab welchem Alter haben Sie Ihr Verhältnis zum Tier hinterfragt und das alles verstanden, was Ihnen da widerfahren ist?*

Ich denke, das war sehr früh, aber nicht in dem Moment, als es geschah. In dem Moment, als es geschah, hat es sich in mich eingeschrieben, und zwar vollständig und endgültig. Ich kann es nicht datieren, aber ich denke mal, dass ich von meinem zweiten Text an begonnen habe, bewusst darüber nachzudenken. Ich fühlte bereits, dass alles da war, dass Tierliches in mir war und dass damals etwas geschehen war. Das hat sich in jenes erste Buch eingeschrieben. Aber ich denke, dass ich noch immer dabei bin, die Entwicklung und die Tiefe dieser Frage unablässig weiter zu begreifen. Von Ereignis zu Ereignis denke ich immer wieder an die Frage und denke anderes darüber. Es ist wie eine Urszene.

*Sie haben gesagt, wenn man angekettet ist, entflieht die Seele. Denken Sie, dass aus einer Welt ohne Krieg große Autor*innen oder große Künstler*innen hervorgehen können?*

Ich will in zwei Schritten antworten. In einer Welt politischer Unterdrückung versucht ganz sicher etwas, sich zu retten. Ich habe stets gestaunt, zu welch außerordentlicher Qualität die russische Dichtung es in einer Zeit brachte, in der die Dichter ins Arbeitslager geschickt wurden. Ich habe mir immer gesagt, dass die gesamte Seele alle Anstrengung aufgebracht hat, um etwas zu retten. Allerdings kann das nicht die Bedingung sein, denn sonst gäbe es heutzutage keine Literatur. Aber es gibt sie, denn das Gefängnis ist nicht nur eins aus äußeren Umständen, aus Kriegen. Was nationale Territorien angeht, gibt es immer einen Krieg irgendwo am Horizont, und dieser Krieg betrifft uns auf die eine oder andere Weise, denn er ähnelt demjenigen, der stattgefunden hat oder der stattfinden wird. Heute sind wir noch viel mehr in ein System der Globalisierung eingebunden, in dem uns der Krieg nicht erspart bleiben kann. Er ist da. Die inneren Kriege, zwischen mir und dir, zwischen Angehörigen, die Bruderkriege, welche die Wurzel aller Kriege sind und die zugleich der Literatur ihren

Anlass gaben, Aischylos, sind immer noch da. Wir entfremden uns fortwährend von einander.

*Haben Sie Aletheia und Philia, die Katzen, so wie kleine Mädchen adoptiert?*

Ja, es waren Adoptivkatzen. Es ist ganz wundersam, denn sie sind an genau dem Tag geboren, an dem Tessie, die vor ihnen war, fortgegangen ist. Diese Geschichte ist ein wenig wie ein Märchen in der Wirklichkeit. Ich konnte nicht ertragen, dass Tessie fortgegangen war, und es gab zwei Kätzchen in einem Garten, die ihr ähnelten. Dabei waren sie nicht Tessies Kinder. Sie wurden adoptiert und umso mehr geliebt. Ich sage immer, das Kind, das man selber hat, liebt man erst, wenn man es adoptiert. Erst muss man es bekommen und dann muss man es adoptieren.

*Hilft es Ihnen beim Schreiben, dass Sie Tiere haben?*

Ganz sicher. Ich denke übrigens, dass ich schreibe wie ein Tier. Du wirst mir antworten, dass ein Tier doch nicht schreibt. Das Tier schreibt auf gewisse Weise, selbstverständlich nicht wie wir, aber es hinterlässt Spuren, es arbeitet auf seine eigene Weise. Wenn ich schreibe, bin ich eine Art Tier. Ich setze diese Person vor einen Tisch, aber aus dieser Person kommen lauter Tierarten hervor, die manchmal wie eine Katze springen oder wie eine Pantherin, die wie eine Schlange kriechen oder mit Ameisenschritten vorantrippeln.

*Hat es Fips wirklich gegeben?*

Ja, ich habe sogar Fotos von ihm. Zum Glück, denn manchmal könnte ich glauben, dass er nicht existiert hat, so unglaublich war er. Es gab ihn wirklich und manchmal erzähle ich mir sogar sonderbare Geschichten. Wenn ich Fotos von ihm wiederfinde, als er ganz klein war, winzig, sage ich mir, dass er einer meiner Katzen ähnelt. Ich bin sicher, dass ich ihn in anderen Leben gesehen habe.

*Welches ist Ihr Lieblingstier?*

Deine Frage ist sehr schwierig. Was ich jetzt sage, ist zugleich wahr und ein ganz klein bisschen falsch, aber zur Zeit sind mein Lieblingstiere Katzen, weil ich mit Katzen lebe. Ich bin so an sie gewöhnt, wir erzählen uns so viele Geschichten, wir machen so viele Sachen zusammen, dass ich gar nicht anders kann als es so zu sehen. Aber ich bin nicht sicher, dass es absolut wahr ist. Würde ich mit Hunden leben, würde ich vielleicht sagen, dass meine Lieblingstiere Hunde sind. Es kommt vor, dass ich an einem Ort bin, wo die Hunde sehr glücklich sind, und wenn ich sie da so lebensfroh und lustig sehe, dann werde ich zum Hund. Und darum weiß ich es nicht. Wenn ich Affen sehe, sage ich mir, zum Glück lebe ich nicht irgendwo, wo die Affen kommen und an meine Tür klopfen, denn sonst würde ich einen Affen adoptieren. Es ist eine Frage der Umstände, und dementsprechend könnte ich meine Meinung ändern.

*Und bei Fips und den Katzen, wen haben Sie da lieber?*

In der Wirklichkeit hatte ich die Katzen lieber, denn wie ich vorhin sagte, habe ich Katzen gegenüber nie schlechte Gefühle empfunden, wir haben uns nie gezankt. Das ist pure Liebe. Aber Fips war sehr besonders. Ich bin nicht freundlich genug zu ihm gewesen, aber ich war zu klein. Ich war nicht klug genug, um mit ihm so umzugehen, wie ich es hätte tun müssen.

*Mochten Sie zugleich Fips und das Lesen gern?*

Ich mochte das Lesen lieber als Fips und das ist nicht gut. Ich war ungefähr so alt wie du, als er zu uns kam. Ich war unzufrieden, ich erinnere mich daran sehr gut. Das ist die Sünde, die ich begangen habe: Ich hatte einen traumhaften Hund, aber ich hatte mir einen Hund erträumt. Ich denke, es gibt so etwas, das wird hergestellt, der Traumhund: ein Roboterhund, der dies und das tut, der sich zu Tisch setzt und keine Flöhe hat. Ich hatte aber einen echten Hund. Bücher tun so was nicht, die gehorchen dir.

*Haben Sie Gedichte geschrieben?*

Was man so Gedichte nennt, eine kurze Textgattung, nein. Aber auf eine gewisse Weise sind alle Bücher, die ich schreibe, poetisch. Ich könnte mogeln und sagen, ich veröffentliche einen Gedichtband, und dazu Stücke aus meinen verschiedenen Büchern ausschneiden. Das Poetische ist nicht unbedingt das, was man ein Gedicht nennt.

*Inspirieren die Tiere Sie, wenn Sie schreiben?*

Ja, oft, aber so wie Menschen. Es gibt verschiedene Arten, die Menschen denken auf eine bestimmte Weise, bewegen sich auf eine bestimmte Weise fort. Sie fliegen nicht, sie können liegen, lügen, pflügen, aber nicht fliegen. Ich brauche auch alles, was die anderen Lebewesen tun können, um es zu kopieren, es nachzuahmen, um mir zu helfen.

*Haben Sie Ihre Eltern lieb?*

Oh ja!

*Ich wüsste gern, welchen Platz Algerien in Ihrem Werk einnimmt, welchen Platz es eingenommen hat und in welcher Gestalt?*

Es war immer da, auf die eine oder andere Weise. Manchmal ist es da wie ein Theater, ein Schauplatz, auf dem sich alles ereignet, aber nie auf malerische oder touristische Weise, sondern immer zugleich politisch, moralisch und sinnlich. Von Zeit zu Zeit steht es im Mittelpunkt. Ich sorge mich, beschäftige mich damit, ich höre mich um, was geschehen ist, ein wenig so wie Balzac, als er sich auf einmal mit Paris beschäftigt, das zu einer Gestalt wird und nicht mehr nur ein Ort ist. Von Zeit zu Zeit tue ich das mit Algerien, aber nicht immer.

*Sie haben gesagt, dass sich weniger Männer für Tiere interessieren, aber es gibt doch Boris Cyrulnik in Frankreich, selbst wenn er sich nicht literarisch damit befasst.*

Ja, sicherlich, ich weiß allerdings nicht, auf welche Art er dieses Feld bearbeitet. Ich bemerkte einfach, dass in der Ethologie die großen Leute in der Feldforschung Frauen sind. Das ist eine bekannte, sehr sonderbare Tatsache, die mit systematischer Regelmäßigkeit zu finden ist und die mit einer Geschichte der sexuellen Differenz zu tun hat.

*Lieben Sie Tessie noch immer?*

Ja sicher, die Liebe hört nicht auf, zum Glück. Deshalb leben die Wesen, die gestorben sind, ja noch, weil wir nicht aufhören, sie zu lieben.

*Denken Sie nicht, dass Frauen mehr als Männer die Fähigkeit haben, Tieren nah zu sein? Weil sie Kinder bekommen und weil sie eine Art haben, einander diesseits der Sprache näher zu sein?*

Da stoßen wir auf die große Frage der sexuellen Differenz zwischen Männern und Frauen. In unserer Gegenwart ist diese Möglichkeit einer unterschiedlichen Fähigkeit wahrscheinlich, aber sie ist kulturell. Und diese Möglichkeit ist äquivalent. Bisher sind Männer so erzogen worden, dass sie an der Mutterschaft stets weniger teilgenommen haben, am Hören des Seins, das noch nicht spricht. Das ist aber keine Schicksalsgegebenheit, es gibt Mütterliches im Mann und es kommt eine neue Generation von Männern. Wie es vorhin unsere Freundin sagte, es gibt männliche Verhaltensforscher, die sich für die Tiere interessieren. Selbst wenn einige von ihnen empfehlen, Tiere nicht beim Namen zu nennen. Alles hängt ab vom Grad an Feminität, Mütterlichkeit, die das männliche Wesen sich erlaubt zu bekunden. Wie ihr wisst, sind auch viele Frauen unglaublich männlich und unterscheiden sich nicht vom klassischen Männlichen. Das sind Zuweisungen. So weist man zum Beispiel den Beruf der Krankenpflege Krankenschwestern zu. Obwohl es heute Krankenpfleger gibt. Verhaltensforschung als Beruf bringt auch einen gewissen Verzicht mit sich. Zur Feldforschung in die Wälder zu gehen, ist aufregend, aber es hat einen Preis: auf das klassische gesellschaftliche Leben, auf das städtische Leben und sogar aufs Heiraten zu verzichten, denn Ehen von Verhaltensforschern funktionieren selten. Dieser Beruf ist so sehr eine Berufung, dass es gegenwärtig für Frauen weniger schwierig ist als für Männer. Aber das ist alles nicht festgeschrieben. Man müsste auch hingehen und schauen, was in den Zoos geschieht, selbst wenn mir vor diesen Orten graut. Ich habe gesehen, dass der Tierarzt vom Zoo in Vincennes eine Frau ist.

*Wir haben Ihnen nun schon viele Fragen über Algerien gestellt, aber welches Verhältnis haben Sie zur jüdischen Tradition? Haben Sie sie an Ihre Kinder und Enkel weitergegeben?*

Das ist ebenfalls eine Frage, für deren Beantwortung es drei oder vier Monate Zeit bräuchte. Ich will sie mit der Frage des Tiers verbinden. Meine Familie ist jüdischer Herkunft. In meiner Familie gibt es alle nur möglichen Formen von Verbundenheit und Ablösung. Und in den Verbundenheiten gibt es wiederum alle möglichen Abstufungen. Meine Eltern waren Atheisten, obwohl sie aus sehr religiösen Familien kamen, aber nicht fundamentalistisch religiös, denn früher gab es das nicht einmal. Ich kenne die Tradition, denn sie hat mich interessiert, aber aus eigenem Antrieb, nicht weil man es mir eingetrichtert hätte. Mein Vater war ein atheistischer Sozialist. Ich kenne die Tradition also auf eine nicht religiöse Weise. Ich habe recht spät begriffen, dass die Gleichgültigkeit, die meine Verwandtschaft, außer meinem Vater, gegenüber Tieren zeigte, eine Gleichgültigkeit, die ich überhaupt nicht verstand, keine Tradition ist. In der Bibel und bei den Juden ist das Tier draußen und man versorgt es. Es ist nie drinnen, man trennt es komplett von den Menschen ab. Es gibt kein Gesetz, keinen Code, keine Regel dazu. Ich verstand es nicht, als ich klein war, denn meine Familie war antirassistisch, gastfreundlich, großzügig, aber nicht gegenüber Tieren. Ich brauchte irrsinnig lange, um zu begreifen, dass das eine Frage der Kultur war, die nicht einmal formuliert war. Mein Vater dagegen, der sich völlig von der Religion gelöst hatte, verhielt sich achtsam und gutherzig gegenüber den Tieren, die in Algerien viel zu leiden hatten. Ich habe grauenvolle Dinge gesehen, wie ich sie auch in anderen Ländern gesehen habe.

# Abbildungsnachweise

S. 12–13: Adel Abdessemed, Philia, 2014
Black chalk on paper, 100 x 130 cm (Inv# AA2014159)

S. 18: Adel Abdessemed, Philia, 2013
Black chalk on paper, 45 x 65 cm (Inv# AA2013030)

S. 31: Adel Abdessemed, Labrador, 2015
Black chalk on paper, 75 x 105 cm, Signed on the recto
(Inv# AA2015072)

S. 38: Adel Abdessemed, Philia, 2014
Black chalk on paper, 130 x 189 cm (Inv# AA2014138)

S. 44: Adel Abdessemed, Philia, 2013
Black chalk on paper, 45 x 65 cm (Inv# AA2013144)

S. 48–49: Adel Abdessemed, Philia, 2014
Black chalk on paper, 46 x 65.5 cm (Inv# AA2014161)

*Passagen forum*

Hélène Cixous

# Osnabrück

„Es geht um das Leben meiner Mutter, in Wahrheit, ums Leben, zu leben, von ihrem Überleben zu leben und sogar, was noch mehr ist, um ihr Überleben, ihre Weisen, sich selbst zu überleben und die Zeit." In diesem Buch erkundet Hélène Cixous erstmals die facettenreiche Persönlichkeit ihrer Mutter, die in vielen ihrer nachfolgenden Werke einen wichtigen Platz einnimmt und deren Geburtsort Osnabrück, Stadt des Westfälischen Friedens, dem Band seinen Namen leiht. „Vor langer Zeit bereits ist dieses Buch aufgebrochen, Monate, Straßen, lang wie Nächte in fremden Ländern, ohne Züge, Städte in allen Größen, seit ein oder zwei Jahren durchwandert es das Mysterium der Zeiten auf den vier Kontinenten, die die Geschichte meiner Mutter tragen und sie gleichermaßen interessieren. [...] Doch bald schon entdeckte ich, dass es ein Kampf werden würde, dies Buch gegen sich selbst, und genauer noch ein Kampf meiner Mutter gegen meine Mutter, ich präzisiere: von Maman gegen meine Mutter und noch genauer ein in meiner Mutter selbst geführter Kampf, der sich über die ganze Erde hin erstreckte – die Erde, die sie ist –, zwischen Maman, meiner Mutter, Eve, unserer Mutter, Eva, Eva Klein, der Verlobten meines Vaters, und Eve Cixous, Hebamme, ein unausgesetzter Kampf so lebensnotwendig und stetig wie Herzschlag und Atem."

*Passagen forum*

Hélène Cixous

# Meine Homère ist tot…

Bis zum letzten Wort hat Eve die Odyssee ihres Sterbens schon in die drei Hefte diktiert, aus denen H. dieses Epos hier abschreibt. Unverhoffte Hilfe findet sie dabei in Eves eigenen Heften aus ihrer Ausbildungszeit als Hebamme: Geburt ohne Schmerzen.
Eve macht H. zur Mutter des 103 Jahre alten Kindes, das sie geworden ist. Nach dem entscheidenden Angriff der Armeen des Todes am 13. Januar ist medizinisch zum Leben nichts mehr da. Aber Eve ist das Leben selbst. Mit Hilfe der Hefte tastet sich das Buch durchs eisige Dunkel der geweiteten Zeit Zuspät, durch das blinde Jenseits der überzähligen Wochen, lange nachdem die letzte Stunde eigentlich geschlagen hat. Eve auf dem Rücken, in ihrer Barke für immer, erfindet für H. ein Sterben, das ein Bleiben ist. H. auf den Knien, bald auf der einen, bald auf der anderen Seite des Pflegebetts, treidelt im Schlamm der Zeit ohne Datum. Jeden der zahllosen Tode hebt sie auf, jedes Gesicht und jeden der letzten Momente, den letzten Schluck Wasser, das letzte Wort, den letzten Kuss. Wie hätte sie heute zu sprechen vermocht, hätte sie nicht die Spalte von Mamans noch lauen Lippen mit ihren Lippen versiegelt, hätte sie nicht ihren Mund auf Eves Mund gelegt, um leidenschaftlich seine neue Kälte zu kosten?

*Passagen Gespräche*

Hélène Cixous

# Aus Montaignes Koffer

## Im Gespräch mit Peter Engelmann

Der vorliegende Gesprächsband bietet Einblick in die Erfahrungs- und Gedankenwelt Hélène Cixous', einer der wichtigsten französischsprachigen Autorinnen unserer Zeit. „Was ich tue, wenn ich schreibe, ist im Grunde, dass ich das Intimste, Verborgenste, Verbotenste schreibe, dort, wo es mit der Weltgeschichte in Verbindung steht und mit ihr kommuniziert. Das ist mein ständiges Anliegen."
In vier Gesprächen, die hier erstmals veröffentlicht werden, spürt Peter Engelmann den maßgeblichen Themen in Hélène Cixous' Werken nach. Von zentraler Bedeutung ist die Kindheit der Autorin, die sie während des Zweiten Weltkrieges in Algerien zubringt, wo mit der vor dem Nationalsozialismus aus Osnabrück nach Oran geflohenen Großmutter auch Osnabrück als Fantasiestadt für sie weiterlebt. Diese algerische Kindheit teilt Cixous zudem mit Jacques Derrida, mit dem sie nicht nur eine lebenslange Freundschaft verband, sondern auch einen regen schöpferischen Austausch unterhielt. So bilden Cixous' Biografie, ihre Beziehung zu Derrida und ihr politisches Engagement die Leitmotive dieses Bandes.